Nuestro presupuesto de vacaciones

Trabajo con decimales

Andrew Einspruch

Créditos de publicación

Editor
Peter Pulido

Editora asistente
Katie Das

Directora editorial
Emily R. Smith, M.A.Ed.

Redactora gerente
Sharon Coan, M.S.Ed.

Directora creativa
Lee Aucoin

Editora comercial
Rachelle Cracchiolo, M.S.Ed.

Créditos de imágenes

El autor y el editor desean agradecer y dar crédito y reconocimiento a los siguientes por haber dado permiso para reproducir material con derecho de autor: portada Photolibrary.com; p.1 Photodisc; p.4 Getty Images/Phil Bankol; p.5 (izquierda y centro) Big Stock Photo; p.5 (derecha) Photolibrary.com/Alamy/Paul Crompton; p.6 (superior izquierdo) Photolibrary.com/Alamy/Jack Sullivan; p.6 (superior derecho y fondo) Big Stock Photo; p.7 iStock Photo; p.8 (ambas) Big Stock Photo; p.9 Photolibrary.com/Alamy/David R. Frazier; p.10 (ambas) photodisc; p.11 photodisc; p.12 (izquierda) Big Stock Photo; p.12 (derecha) Shutterstock; p.13 (superior) 123RF; p.13 (fondo) Getty Images; p.14 Getty Images/Guy Bubb; p.15 Getty Images; p.16 Photolibrary.com/Alamy/Joanne O'Brien; p.17 (ambas) Big Stock Photo; p.18 (superior) Getty Images/Dorling Kindersley; p.18 (fondo) Photos.com; p.19 Big Stock Photo; p.20 Big Stock Photo; p.22 Big Stock Photo; p.24 Photodisc; p.26–27 (ambas) Big Stock Photo; p.28 Photolibrary.com/Alamy/Robert W. Ginn; p.29 Photolibrary.com/Alamy

Aunque se ha tomado mucho cuidado en identificar y reconocer el derecho de autor, los editores se disculpan por cualquier apropiación indebida cuando no se haya podido identificar el derecho de autor. Estarían dispuestos a llegar a un acuerdo aceptable con el propietario correcto en cada caso.

Teacher Created Materials

5301 Oceanus Drive
Huntington Beach, CA 92649-1030
http://www.tcmpub.com
ISBN 978-1-4333-0496-5

Contenido

A la playa

Mamá y papá dijeron que vamos a ir de vacaciones a la playa en 8 semanas. ¡Qué divertido! Habrá tanto que hacer. ¡Mi hermana, Keandra, y yo estamos muy ansiosos!

Mamá ha hecho un **presupuesto** de vacaciones. El presupuesto es un plan que ayudará a mamá y a papá a determinar cuánto costarán las vacaciones. También les ayudará a decidir cuánto dinero deben ahorrar para pagarlas.

Exploremos las matemáticas

El dinero se puede representar en forma **decimal**. Un punto decimal separa los dólares y los centavos. Los dólares se muestran a la izquierda del punto decimal. Los centavos se muestran a la derecha.

Hay 100 centavos en un dólar. Los números a la derecha del punto decimal muestran la parte (o fracción) de 100 centavos, o parte de 1 dólar. Los 2 valores después del punto decimal corresponden a las décimas y centésimas.

Entonces, $1.15 = 1 dólar y 15 centavos o 1 dólar y 15 centésimas de dólar.
$22.05 = 22 dólares y 05 centavos o 22 dólares y 5 centésimas de dólar.
$100.00 = 100 dólares y ningún centavo.

Centenas	Decenas	Unidades	Punto Decimal	Décimas	Centésimas
		1	.	1	5
	2	2	.	0	5
1	0	0	.	0	0

Dibuja una tabla como la anterior. Luego indica:

a. $1.05   **b.** $78.40   **c.** $125.00

Faltan 8 semanas

Mamá me mostró lo que ella cree que van a costar las cosas. Se les llama nuestros **gastos**. Incluyen dinero para la gasolina y la comida. La casa de la playa también cuesta dinero. Mamá también planea cosas divertidas. Las llama **entretenimiento**.

El presupuesto incluso tiene dinero para gastos **inesperados**. Mamá dice que es "¡por si acaso!".

Nuestros gastos de vacaciones

Gasolina para el auto	$150.00
Alquiler de la casa de playa	$600.00
Comida	$300.00
Gastos inesperados	$100.00

Exploremos las matemáticas

Observa la lista de gastos. Suma el dinero para los gastos de las vacaciones que se presentan. *Pista*: Cuando sumes decimales, siempre alinéalos con los puntos decimales uno debajo del otro.

¡Mamá nos va a dar a Keandra y a mí 25 dólares a cada uno! Dice que podemos gastarlos en nuestras vacaciones. Mamá dice que estas vacaciones costarán $1,500.00.

Nuestros gastos de vacaciones

Gasolina para el auto	$150.00
Alquiler de la casa de playa	$600.00
Comida	$300.00
Gastos inesperados	$100.00
Cosas para la playa (protector solar, sombrilla, toallas de playa, pelota de playa, sillas de playa, bolsas de playa, sombreros para el sol)	$200.00
Dinero para gastos de Keandra	$25.00
Dinero para gastos de Jimar	$25.00
Entretenimiento familiar	$100.00
Total	$1,500.00

¿Tendremos suficiente dinero?

Los gastos sólo son parte del presupuesto de mamá. Ahorrar dinero también es parte del presupuesto. Mamá y papá ya han ahorrado $1,100.00.

Mamá y papá tienen sus ahorros en el banco.

$$
\begin{array}{ll}
\$\,1,500.00 & \text{gastos} \\
-\ \$\,1,100.00 & \text{ahorros} \\
\hline
\$\ \ \ 400.00 & \text{aún se necesitan}
\end{array}
$$

Mamá y papá planean ahorrar $50.00 a la semana entre hoy y las vacaciones. Sólo faltan 8 semanas para las vacaciones.

Abril

					1	2
3	4	5	6	7	$50	9
10	11	12	13	14	$50	16
17	18	19	20	21	$50	23
24	25	26	27	28	$50	30

Mayo

1	2	3	4	5	$50	7
8	9	10	11	12	$50	14
15	16	17	18	19	$50	21
22	23	24	25	26	$50	28
29	30	31				

Exploremos las matemáticas

Mamá y papá van a ahorrar $50.00 durante las próximas 8 semanas.

a. ¿Cuánto dinero ahorrarán?

b. Dibuja la tabla siguiente y escribe tu respuesta en las columnas correctas.

Centenas	Decenas	Unidades	Punto Decimal	Décimas	Centésimas
			.		

¿Qué pasa con Keandra y conmigo?

Necesitaré más de $25.00 para pagar por las cosas que quiero hacer en la playa. Keandra también piensa que necesitará más.

Mamá nos dijo que hiciéramos una lista de nuestros gastos de vacaciones. Esto nos ayudará a descubrir cuánto dinero necesitaremos. ¡Definitivamente necesitaremos más dinero!

Mis gastos de vacaciones (Jimar)

Mini golf	$12.65
Gafas para nadar	$7.35
Comida y bebidas	$22.00
Boletos para el cine	$9.00
Alquiler de DVD	$5.50
Recuerdos	$12.50

Gastos de vacaciones de Keandr

Nuevo traje de baño	$30.00
Nuevas sandalias	$19.50
Comida y bebidas en el centro comercial	$27.95
Boletos para el cine (2 películas)	$18.00
Camiseta	$12.60
Gafas de sol	$20.75

Exploremos las matemáticas

Usa los gastos de Jimar para responder las preguntas.

a. Averigua la cantidad total que Jimar gastará en "comida y bebidas" y en un "boleto para el cine".

b. Ordena los gastos de Jimar del mayor al menor.

¡Keandra y yo tendremos que hacer un presupuesto! De esa manera podemos planear cuánto dinero podremos ahorrar. Primero, encontraremos nuestros **ingresos.** Yo recibo una **mesada** de $5.50 por semana. Si ahorro todo durante las próximas 8 semanas, y luego le sumo los $25.00 de mi dinero para gastos de vacaciones, ¿cuánto tendré?

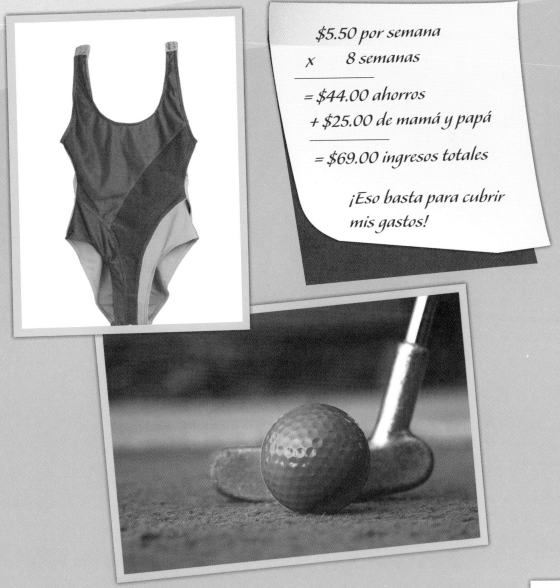

$5.50 por semana

x   8 semanas
_____

= $44.00 ahorros
+ $25.00 de mamá y papá
_____

= $69.00 ingresos totales

¡Eso basta para cubrir mis gastos!

¡Keandra tiene mucho más dinero que yo! También recibe una mesada de $5.50. Después, gana $15.75 por semana cuidando niños. Y ya tiene $20.40 en ahorrados.

Ingresos de Keandra

$$\$15.75 \text{ ganados trabajando}$$
$$+ \quad \$5.50 \text{ mesada}$$
$$= \$21.25 \text{ de ingresos cada semana}$$
$$\times \quad 8 \text{ semanas que faltan}$$
$$= \$170.00 \text{ ingresos totales}$$

$$\$20.40 \text{ ahorrados}$$
$$+ \quad \$25.00 \text{ de mamá y papá}$$
$$+ \$170.00 \text{ ingresos}$$
$$= \$215.40 \text{ dinero para gastos}$$

Keandra gana dinero cuidando niños.

Faltan 4 semanas

Todos hemos estado ahorrando para nuestras vacaciones. ¡Pero ayer se descompuso nuestro refrigerador! Lo arreglaron, pero costó $400.00. Esto se tomará de los ahorros para las vacaciones. ¡Ay!

Nuestros ahorros para vacaciones

$50.00 ahorrados por semana

x   4 semanas

$200.00 ahorrados

$1,100.00 ya ahorrados

+   200.00

= $1,300.00 total ahorrado

$1,300.00 ahorrados

-      $400.00 reparaciones

= $900.00 total ahorrado

El nuevo presupuesto de papá y mamá

Mamá y papá cambiaron el presupuesto para cubrir el costo del arreglo del refrigerador. Ellos ahorrarán $100.00 por semana durante las próximas 4 semanas.

Mamá y papá tuvieron que ser inteligentes para ahorrar dinero extra. Ahorraron algo de dinero buscando **descuentos** en las tiendas.

OFERTA ESPECIAL

¡Pero se suponía que las vacaciones iban a costar $1,500.00! Mamá y papá van a tener que reducir algunos de los gastos de vacaciones. No podrán reducir el costo de cosas como el alquiler de la casa de playa o el de la gasolina para el auto. ¿Qué gastos pueden recortar?

Exploremos las matemáticas

La mamá y el papá de Jimar ahorrarán $100.00 cada semana por las próximas 4 semanas. Ya han ahorrado $900.00 para las vacaciones.

a. ¿Cuál es el total de dinero que ahorrarán en las próximas 4 semanas?

b. Suma esa cantidad a los $900.00 que ya han ahorrado. ¿Cuál será la cantidad total ahorrada?

Mamá y Papá pueden ahorrar dinero de otras maneras. Habrá menos dinero para entretenimiento. No compraremos cosas nuevas para la playa, como toallas de playa o una pelota de playa.

¡Y reducirán mi dinero para gastos! ¡El de Keandra también! Ahora recibiremos $20.00 cada uno.

Nuestros gastos de vacaciones

	Gastos anteriores	Gastos nuevos
Gasolina para el auto	$150.00	$150.00
Alquiler de la casa de playa	$600.00	$600.00
Comida	$300.00	$275.00
Cosas para la playa (protector solar, sombrilla, sillas para la playa, ~~toallas de playa, pelota de playa, bolsas de playa, sombreros para el sol~~)	$200.00	$100.00
Dinero para gastos de Keandra y Jimar	$50.00	$40.00
Entretenimiento para la familia	$100.00	$75.00
Gastos inesperados	$100.00	$60.00
Total	$1,500.00	$1,300.00

Mi nuevo presupuesto

¡Hoy me dieron una multa en la biblioteca! Eso significa aun menos dinero para gastar en la playa. Tendré que cambiar mi presupuesto.

Mi (de Jimar) nuevo presupuesto de vacaciones

Ingresos (revisado)

Planeaba tener $69.00 en ingresos y $69.00 en gastos. Esto es, $44.00 ahorrados de mi mesada, más $25.00 de mamá y papá.

Pero ahora sólo voy a recibir $20.00 de mamá y papá.

$44.00 ahorrados
+ $20.00 de mamá y papá
———————————
= $64.00 para gastar

Y tengo que restar el dinero para pagar mi multa de la biblioteca.

$64.00 ahorrados
− $5.00 para la multa de la biblioteca
———————————
= $59.00 de ingresos totales

Así que ahora necesito reducir mis gastos.

	Mis (de Jimar) gastos anteriores	Mis (de Jimar) gastos nuevos
Golf en miniatura	$12.65	$12.65
Nuevas gafas	$7.35	$7.35
Comida y bebidas	$22.00	$16.50
Boleto para el cine	$9.00	$9.00
Alquiler de DVD	$5.50	$5.50
Recuerdos	$12.50	$8.00
Total	$69.00	$59.00

No podré hacer todas las cosas que tenía planeadas. ¡No tendré dinero extra pero no me hará falta!

Exploremos las matemáticas

Observa los gastos anteriores y los gastos nuevos de Jimar que aparecen arriba.

a. ¿Cuánto dinero menos gastará Jimar en recuerdos?

b. ¿Cuánto dinero menos gastará Jimar en total?

Faltan 2 semanas

Keandra *pensaba* que tenía suficiente dinero para sus gastos. Así que compró un vestido por $65.00, pero luego se enfermó. ¡No trabajó cuidando niños durante 2 semanas! ¡Así que perderá $31.50! Es su turno de cambiar su presupuesto.

Ingresos de Keandra (revisado)

	$215.40 dinero original para gastar
−	$5.00 menos dinero de mamá y papá
−	$65.00 del vestido
−	$31.50 dinero perdido de sus ingresos cuidando niños
	$113.90 ingresos totales

$65.00

Gastos de vacaciones de Keandra (revisados)

Gastos anteriores		Gastos nuevos	
Nuevo traje de baño	$30.00	Nuevo traje de baño	$30.00
Nuevas sandalias	$19.50	Nuevas sandalias	$15.50
Comida y bebidas	$27.95	Comida y bebidas	$22.70
Boletos para el cine (2 películas)	$18.00	Boletos para el cine (1 película)	$9.00
Camiseta	$12.60	Camiseta	$12.60
Gafas de sol	$20.75	Gafas de sol	$14.10
Total anterior	$128.80	**Total nuevo**	$103.90

Además, a Keandra le quedarán $10.00 para gastos inesperados.

Exploremos las matemáticas

Observa los gastos anteriores y los gastos nuevos de Keandra que aparecen arriba.

¿Cuánto dinero menos gastará Keandra en:

a. comida y bebidas?

b. boletos para el cine?

c. gafas de sol?

Falta 1 semana

¡Hace poco nos enteramos que la playa ofrece lecciones de **buceo**! ¡Keandra y yo vamos a probarlo! Las lecciones cuestan $20.00. Así que necesitamos cambiar nuestros presupuestos nuevamente.

Keandra tiene $10.00 para gastos inesperados. Ella puede usarlos para las lecciones de buceo. Pero ambos aún necesitamos ahorrar dinero al reducir nuestros gastos una vez más.

Mi presupuesto (de Jimar)
Ingresos totales: $59.00

	Gastos anteriores	Gastos nuevos
Mini golf	$12.65	$12.65
~~Gafas para nadar~~	~~$7.35~~	$0.00
Comida y bebidas	$16.50	$12.35
Boleto para el cine	$9.00	$9.00
~~Alquiler de DVD~~	~~$5.50~~	$0.00
Recuerdos	$8.00	$5.00
Lecciones de buceo	——	$20.00
Total	$59.00	$59.00

Presupuesto de Keandra
Ingresos totales: $113.90

	Gastos anteriores	Gastos nuevos
Nuevo traje de baño	$30.00	$28.00
Nuevas sandalias	$15.50	$10.50
Comida y bebida	$22.70	$19.70
Boletos para el cine (1 película)	$9.00	$9.00
Camiseta	$12.60	$12.60
Gafas de sol	$14.10	$14.10
~~Gastos inesperados~~	~~$10.00~~	$0.00
Lecciones de buceo	——	$20.00
Total	$113.90	$113.90

¡Llegaron las vacaciones!

Olas y sol, ¡ahí vamos! Mamá y papá ahorraron $1,300.00, y Keandra y yo tenemos nuestro dinero también. ¡Va a ser una semana grandiosa! Ahora, ¿primero juego el minigolf o tomo lecciones de buceo?

Exploremos las matemáticas

La familia de Jimar está finalmente de vacaciones. ¿Cuánto dinero ahorró la familia en total para su viaje? *Pista*: Asegúrate de revisar los presupuestos finales de Jimar y Keandra en la página 25 y los presupuestos de mamá y papá en la página 19.

Perros calientes deliciosos

Chris juega en un equipo local de baloncesto. El equipo necesita nuevos uniformes, pero el club no tiene dinero. Los nuevos uniformes cuestan $5.00 cada uno. Chris quiere ayudar de cualquier manera que pueda. Ha decidido recaudar dinero abriendo un puesto de venta de perros calientes en la feria de su escuela. Quiere vender 100 perros calientes. Averigua el costo de los ingredientes. Éstos son sus gastos.

50 perros calientes = $100.00

50 bollos para los perros calientes = $25.00

4 botellas de salsa dulce de tomate = $14.00

4 botellas de mostaza = $16.00

¡Resuélvelo!

a. Si Chris vende los 100 perros calientes a $3.50 cada uno, ¿cuánto dinero ganará? Éstos son sus ingresos.

b. ¿Cuánto dinero ganó Chris tras pagar los gastos? Ésta es su ganancia.

c. ¿Cuántos uniformes podrá comprar el club?

Usa los siguientes pasos para ayudarte a resolver los problemas.

Paso 1: Encuentra el costo de 100 perros calientes, 100 bollos para perros calientes, 8 botellas de salsa dulce de tomate y 8 botellas de mostaza. *Pista*: Duplica el costo que se presenta en la página 28.

Paso 2: Suma todos los gastos.

Paso 3: Averigua los ingresos por la venta de 100 perros calientes.

Paso 4: Resta el costo de los gastos de los ingresos de las ventas. El dinero sobrante es la ganancia. Chris puede usar la ganancia para comprar los uniformes.

Paso 5: Divide la ganancia entre $5.00.

Glosario

buceo—nado bajo el agua hecho con un tanque de oxígeno portátil

decimal—un número basado en 10

descuentos—precios de cosas en oferta que son menores que los originales

entretenimiento—cosas que la gente hace por diversión, no por trabajo

gastos—cosas en las que la gente gasta el dinero

inesperado—no pronosticado ni planeado

ingresos—una cantidad de dinero ganado

mesada—una suma fija de dinero de bolsillo

presupuesto—un plan para descubrir cuánto dinero puedes ganar y gastar en un periodo de tiempo

salir igual—poder gastar el dinero que ganaste, y no más

Índice

Exploremos las matemáticas

Página 5:

Centenas	Decenas	Unidades	Punto Decimal	Décimas	Centésimas
		1	.	0	5
	7	8	.	4	0
1	2	5	.	0	0

Página 7:
$1,150.00

Página 10:
a. Mamá y papá ahorrarán $400.00
b.

Centenas	Decenas	Unidades	Punto Decimal	Décimas	Centésimas
4	0	0	.	0	0

Página 12:
a. Comida y bebidas $22.00
   + boleto para cine $9.00
   Total $31.00
b. <u>Mis gastos de vacaciones (Jimar)</u>
   Comida y bebidas $22.00
   Golf en miniatura $12.65
   Recuerdos $12.50
   Boleto para el cine $9.00
   Gafas para nadar $7.35
   Alquiler de DVD $5.50

Página 17:
a. $100.00 x 4 semanas = $400.00
b. $400.00 + $900.00 = $1,300.00 ahorrados

Página 21:
a. Jimar gastará $4.50 menos en recuerdos.
($12.50 – $8.00 = $4.50)
b. Jimar gastará $10.00 menos en total.
($69.00 – $59.00 = $10.00)

Página 23:
a. Keandra gastará $5.25 menos en comida y bebidas. ($27.95 – $22.70 = $5.25)
b. Keandra gastará $9.00 menos en boletos para el cine. ($18.00 – $9.00 = $9.00)
c. Keandra gastará $6.65 menos en gafas de sol. ($20.75 – $14.10 = $6.65)

Página 26:
La familia de Jimar ahorró un total de $1,472.90. ($1,300.00 + $59.00 + $113.90 = $1,472.90)

Actividad de resolución de problemas

50 perros calientes = $100.00. Entonces, 100 perros calientes: $100.00 x 2 = $200.00
50 bollos para los perros calientes = $25.00. Entonces, 100 bollos para los perros calientes; $25.00 x 2 = $50.00
8 botellas de salsa dulce de tomate = $28.00
8 botellas de mostaza = $32.00

Gastos
    $200.00
    $50.00
    $28.00
    $32.00
Total: $310.00

a. Chris ganará $350.00
b. $350.00 en ingresos – $310.00 en gastos = $40.00 de ganancia
c. El club podrá comprar 8 uniformes.
$40.00 de ganancia ÷ $5.00 de costo por uniforme = 8 uniformes